la Constitución?

Patricia Brennan Demuth

ilustraciones de Tim Foley

traducción de Yanitzia Canetti

Penguin Workshop

Para mi aquelarre constante: Val, Erica,
Ellen, Ann, Kathleen—PBD

PENGUIN WORKSHOP
Un sello editorial de Penguin Random House LLC, Nueva York

Publicado por primera vez en los Estados Unidos de América por Penguin Workshop,
un sello editorial de Penguin Random House LLC, Nueva York, 2018

Edición en español publicada por Penguin Workshop, un sello editorial de
Penguin Random House LLC, Nueva York, 2022

Traducción al español de Yanitzia Canetti

Visítanos en línea: penguinrandomhouse.com.

Los datos de Catalogación en Publicación de la Biblioteca del Congreso están disponibles.

Impreso en los Estados Unidos de América

ISBN 9780593522653   10 9 8 7 6 5 4 3 2 1 WOR

Contenido

¿Qué es la Constitución?

La primera vez que las trece colonias norteamericanas se declararon una nación libre fue en la Declaración de Independencia, escrita en julio de 1776. Para entonces, las colonias estaban hartas de ser gobernadas desde lejos por Gran Bretaña. Se desató una sangrienta guerra por la independencia: la Guerra de Independencia.

Al principio, ganar la guerra parecía imposible. ¿Cómo podría el pobre ejército rebelde derrotar

a Gran Bretaña, la mayor potencia militar del mundo? Pero el ansia de libertad encendió los ánimos de los rebeldes.

En 1783, la guerra había terminado y las colonias eran estados de una nación libre e independiente: los Estados Unidos de América.

Incluso durante la guerra, el nuevo país necesitaba un gobierno. Así que, en 1776, los líderes de la Revolución elaboraron algunas normas. Se llamaron los Artículos de la Confederación.

Nadie quería un gobierno todopoderoso. De eso se estaban separando los estados. Entonces crearon un congreso demasiado débil para hacer daño. Eso condujo a un gobierno demasiado débil que tampoco podía hacer mucho bien.

En 1787, solo cuatro años después de la gloriosa victoria de Estados Unidos, el joven país tenía problemas. El orgullo nacional aún no existía. De hecho, si se preguntaba a la mayoría de la gente cuál era su país, nombraban su estado. Era fácil ver por qué.

A lo largo de su vida, la gente rara vez viajaba a más de treinta millas del lugar donde había nacido. En 1785, un hombre de Georgia escribió que dejaba su "país" para ir a "una tierra extraña". La "tierra extraña" era Nueva York.

Los estados se peleaban a menudo por la posición de las fronteras y a qué estado "pertenecían" ciertos ríos. Los enemigos en

el extranjero se reían de los problemas de Estados Unidos. ¿Acaso todas estas disputas no demostraban que la naciente nación no era capaz de gobernarse a sí misma sin un rey poderoso?

El joven gobierno de Estados Unidos necesitaba algunos cambios, y pronto. Así, durante el horriblemente caluroso y húmedo verano de 1787, cincuenta y cinco hombres de doce estados se reunieron en Filadelfia en una asamblea especial. (Rhode Island no acudiría). Su misión era cambiar los Artículos de la Confederación. Muchos no sabían que iban a ¡crear, un sistema de gobierno completamente nuevo!

Los legisladores, que es como se les conocen, tenían que encontrar respuestas a grandes y espinosas preguntas. ¿Quién decidía si los Estados Unidos entraba en una guerra? ¿Qué poderes debía tener el jefe del gobierno? ¿Qué hacer si los dirigentes abusaban de su poder? ¿A quién permitirle votar? ¿Cómo se aprobarían las leyes?

Durante cuatro meses, los legisladores debatieron… y debatieron… y debatieron. Los ánimos se caldearon. Las voces se alzaron. Cada

hombre se preocupaba por sus ideas. Era muy difícil que una parte escuchara a la otra. ¡Es que había mucho en juego! Estaban decidiendo el destino de "millones de personas aún no nacidas", como dijo el delegado George Mason.

Por momentos, redactar una nueva constitución parecía imposible. ¿Se llegaría a un acuerdo?

CAPÍTULO 1
Un gobierno cojo

En 1787, los Estados Unidos de América tenían un nombre y una bandera. Pero, faltaba mucho para que fuera una verdadera nación.

No había presidente. No había un sistema judicial central. Tampoco existía un ejército o una armada estadounidense. No había Senado ni Cámara de Representantes, solo un débil "Congreso". El Congreso podría aprobar leyes, pero no podría hacerlas cumplir. Por ejemplo, podría cobrar impuestos para sufragar los gastos de la guerra, pero tendría que confiar en la buena voluntad de los estados para pagar.

La lealtad de la gente a su estado hacía difícil que se consideraran estadounidenses. Durante la Revolución, George Washington les pidió a los soldados de Nueva Jersey que juraran lealtad a Estados Unidos. ¡Qué petición tan extraña! Ellos dijeron que Nueva Jersey era su país.

La lealtad a su propio estado tiene sus raíces en

la historia. Las trece colonias se habían fundado en distintas épocas por diferentes grupos de personas. Cada estado desarrolló su propia forma de vida, a menudo con su propia religión y costumbres. Los estrictos puritanos habían fundado Nueva Inglaterra. Los cuáqueros, amantes de la paz, fundaron Pensilvania.

Aunque el idioma principal de las colonias era el inglés, decenas de miles de personas hablaban alemán en Pensilvania. Los comerciantes y pescadores prosperaban en Nueva Inglaterra, mientras que el Sur era principalmente agrícola.

Los Artículos de la Confederación mantuvieron a los estados unidos para luchar en la guerra, pero después, cada uno siguió su camino. Los soldados volvieron a casa. Y cada estado creó su propia constitución y eligió a sus propios líderes.

Pero… ¿y lo de ser un país, qué? Algunos líderes (como Washington, Madison y Hamilton) querían que Estados Unidos fuera una nación fuerte con un gobierno central sólido para todos los estados. A estos líderes se les llamó nacionalistas.

Pero otros líderes querían que el poder siguiera en manos de los estados, tal y como establecían los Artículos de la Confederación. Estos prometían que los estados seguirían siendo soberanos. Eso significaba que cada estado seguiría siendo su propio jefe. ¿Y la unión, qué? Los Artículos describían la unión de forma imprecisa, como una "liga de amistad". Este gobierno no funcionó bien. En 1787, los problemas de Estados Unidos eran muchos.

Alexander Hamilton (1755-1804)

Nadie luchó tanto por la Convención Constitucional como Alexander Hamilton. Nacido  en la isla de Nieves, en las Indias Occidentales británicas, llegó a América siendo un adolescente. Sin un fuerte arraigo en ningún estado, desarrolló una gran visión para la nación en su conjunto.

Brillante y fogoso, Hamilton jugó un importante papel en la Guerra de Independencia como ayudante de Washington. Asistió a la Convención Constitucional como delegado por Nueva York. Después, integró el primer gabinete del presidente George Washington como Secretario del Tesoro. Su vida se vio truncada en 1804 cuando Aaron Burr, el vicepresidente, le disparó en un duelo.

Algunos estados cobraban aranceles a los otros estados, como si fueran países extranjeros. Las tierras al oeste de las trece colonias estaban siendo colonizadas, y estallaron los desacuerdos sobre qué estados las controlaban.

El dinero continental casi no tenía valor. Por ello, siete estados imprimieron su propio papel moneda, pero este no valía fuera de sus fronteras.

George Washington, de vuelta a su casa en Virginia, se alarmó por lo que ocurría en su país. El Congreso es "un gobierno medio hambriento y cojo", se quejó, "siempre moviéndose con muletas y tambaleándose a cada paso".

En 1786 estalló una crisis en Massachusetts. Muchos granjeros perdían sus tierras porque no podían pagar los altos impuestos del estado.

Bajo el mando de Daniel Shays, capitán de la Guerra de Independencia, una turba de dos mil granjeros se rebeló. Marcharon a Springfield armados con hachas, horquillas y mosquetes. El débil Congreso no pudo reunir una fuerza armada. Así que Massachusetts envió sus tropas y detuvo la rebelión. Hubo cuatro muertos.

La Rebelión de Shays sacudió la nación. ¡Estadounidenses matando a estadounidenses! "Estoy más avergonzado de lo que puedo expresar", dijo George Washington.

Alexander Hamilton afirmó: "Solo hay un remedio: convocar una convención de todos los estados, y cuanto antes, mejor". Si el gobierno no se fortalece, podría desmoronarse.

Incluso el Congreso estuvo de acuerdo en que los Artículos de la Confederación necesitaban

cambios. Así que pidió a los estados que eligieran delegados para asistir a una asamblea especial en Filadelfia, en mayo de 1787. Los periódicos la llamaron "La Gran Convención". Nadie la llamó Convención Constitucional, por supuesto, porque ¿quién iba a saber que se iba a redactar una nueva Constitución?

CAPÍTULO 2
¿Quiénes vienen a Filadelfia?

En la primavera de 1787, cincuenta y cinco delegados de doce estados se prepararon para viajar a la Gran Convención de Filadelfia.

Filadelfia preparó una gran bienvenida. Se extendió la alfombra roja, o más bien, la grava, frente al Parlamento, donde se celebraría la Convención. La grava debía amortiguar el ruido de las ruedas de los carruajes sobre las calles empedradas para no molestar a los delegados.

Filadelfia: Una ciudad histórica

En 1787, Filadelfia era, con mucho, la ciudad más grande del país. La Declaración de Independencia se había firmado allí, en el Parlamento, el mismo lugar donde se celebraba la Convención. El centro de la ciudad estaba repleto de pequeñas tiendas. Barcos de todo el mundo entraban y salían de su concurrido puerto en el río Delaware. La ciudad tenía farolas, gracias a su famoso ciudadano Benjamin Franklin. Franklin también fundó en Filadelfia la primera biblioteca pública de Estados Unidos.

Parlamento

El 14 de mayo debía comenzar la Convención. Pero muy pocos delegados habían llegado a tiempo. La primavera de 1787 fue muy lluviosa. Las diligencias y los carruajes se atascaban en los caminos por todas partes.

Por aquel entonces, incluso con buen tiempo, los viajes eran duros, lentos y llenos de saltos por los baches. En el país había pocas carreteras y puentes. El viaje de Georgia a Filadelfia tomaba como mínimo dos o tres semanas.

Los delegados de New Hampshire no llegaron hasta julio. Pero el clima no fue el único culpable. ¡El estado tuvo muchos problemas para reunir el dinero para enviar a los delegados!

Sin embargo, un hombre llegó en silencio a la ciudad once días *antes*. Era James Madison, de Virginia, un hombre tranquilo, tímido y reservado. Hoy en día, se le podría describir como un "nerdo". Medía metro y medio y pesaba unas 100 libras. Alguien lo describió "no más grande que media barra de jabón". Pero, su gigantesco intelecto impresionaba a todos los que lo conocían.

Últimamente, Madison había estado estudiando detenidamente libros sobre gobiernos, tanto modernos como antiguos, en los que los ciudadanos se gobernaban a sí mismos. ¿Por qué algunos gobiernos fracasaban y otros tenían éxito? Madison recopiló las mejores ideas y luego redactó su propio y

George Washington:
6 pies, 2 pulgadas

James Madison:
5 pies, 3 pulgadas

audaz plan de gobierno. Lo guardó en su bolsa. Ese plan acabaría convirtiéndose en el proyecto de gobierno de los Estados Unidos. James Madison desempeñó un papel tan importante en la Convención, que llegó a ser conocido como el "Padre de la Constitución".

James Madison (1751-1836)

Al igual que George Washington, James Madison creció en una gran plantación de Virginia. La mala salud impidió que el joven Madison cazara y montara a caballo. En cambio, pasaba horas en la biblioteca de su padre. A los doce años, Madison ya sabía leer francés, latín y griego.

Con Thomas Jefferson como mentor, Madison se lanzó a la política. Bajo el gobierno del presidente Thomas Jefferson, ejerció dos mandatos como Secretario de Estado. En 1809, el propio Madison se convirtió en el cuarto presidente de los Estados Unidos.

Un día antes de la Convención, ¡llegó el gran George Washington! Una guardia militar, vestida con elegantes uniformes y brillantes botas negras, le dio la bienvenida a la ciudad con cañonazos y disparos. Las multitudes lo vitorearon en las calles.

Desde el final de la guerra, Washington había vivido felizmente en su plantación de Virginia. Sin embargo, un fuerte sentido del deber lo llamaba ahora a la vida pública de nuevo. Temía que toda la sangre derramada durante la guerra hubiera sido en vano si el gobierno no se fortalecía.

Monte Vernon

La presencia de Washington en la Convención fue muy importante. Su firme liderazgo hizo que los demás delegados estuvieran dispuestos a escuchar opiniones contrarias.

Ya el 25 de mayo, estaban presentes los delegados de siete estados, suficientes para empezar. Los hombres presentes se reunían en el

Parlamento seis días a la semana, desde las diez hasta las tres o las cuatro de la tarde.

¿Quiénes eran los delegados? Eran todos hombres blancos, en su mayoría acomodados y con un alto nivel educativo. (Las mujeres y las minorías tenían pocos derechos o ninguno y no podían tomar decisiones). Muchos eran jóvenes, de veinte o treinta años. Sin embargo, todos ellos tenían ya mucha experiencia en el gobierno. Varios habían firmado la Declaración de Independencia. Tres cuartas partes habían servido en el antiguo Congreso. Muchos eran héroes del campo de

batalla de la Guerra de Independencia. También eran un grupo a la moda, con pantalones bombacho, medias de seda y pelucas blancas empolvadas.

Faltaban dos líderes importantes: Thomas Jefferson y John Adams. Estaban a un océano de distancia, representando los intereses de Estados Unidos en Francia e Inglaterra.

El delegado de más edad, con mucho, era Benjamin Franklin, quien vivía allí mismo en Filadelfia. A sus ochenta y un años, el Dr. Franklin seguía teniendo una mente ágil, pero su cuerpo le

Benjamin Franklin (1706-1790)

Todo el mundo llamaba a Benjamin Franklin "Doctor" porque tenía muchos títulos honoríficos de universidades. Sin embargo, él había dejado la escuela a los diez años. Con el tiempo, Benjamin Franklin se convirtió en uno de los grandes hombres de su época: inventor, editor, científico, escritor y estadista. Fue el primero en descubrir que los rayos tenían electricidad, Ben Franklin "domesticó el rayo" inventando el pararrayos. También inventó las gafas bifocales.

Después de la guerra, Franklin negoció el tratado de paz de Estados Unidos con Inglaterra.

dolía por la gota. Los viajes en carruajes saltando eran demasiado duros para él. Así que lo llevaron a la Convención en una silla de manos francesa. Cuatro prisioneros, liberados de la cárcel por ese día, lo transportaron.

Al igual que George Washington, Ben Franklin aportó calma y dignidad a la Convención. En los próximos meses, cuando los ánimos se caldearan, todos lo necesitarían.

CAPÍTULO 3
Virginia tiene un plan

Durante cuatro meses, los delegados fueron a pie o a caballo al Parlamento. Antes de entrar, los paraban presos que pedían limosna en la cárcel justo detrás. Sacaban sus gorras por las ventanas atadas a largos palos e insultaban a quien no les echara monedas. La escena en el interior del gran edificio de ladrillos era mejor. Los delegados se

reunían en la Sala Este. Esta sala tenía cuarenta pies cuadrados y un techo de seis metros de altura. Altas ventanas adornaban los laterales. En ella había mesas cubiertas de fieltro verde.

James Madison siempre se sentaba en la parte delantera de la sala, el mejor lugar para escuchar lo que se decía. Decidió anotar todo lo que se

discutiera en los debates. Durante el resto de la Convención, garabateó sus notas, metiendo y sacando su pluma en el tintero todo el día. Por la noche, las reescribía cuidadosamente. Su registro de los acontecimientos es un tesoro para los historiadores. Es una mirada especial al interior de la mente de los legisladores y a lo que ocurrió día a día.

La primera orden del día de la Convención fue elegir un presidente. Todos votaron por George Washington. Washington pasó al frente de la sala y

se sentó delante de todos. Durante la Convención, hablaría poco. Su trabajo era mantener el curso de las reuniones.

A continuación, los delegados establecieron dos reglas importantes. En primer lugar, decidieron mantener sus reuniones en secreto. Nadie debía decir una palabra sobre la Convención fuera de

la sala. Para hacer cumplir esta norma, se colocó un guardia en la puerta. Y las ventanas se cerraron herméticamente. Durante el caluroso y húmedo verano, los legisladores sudaron sus abrigos y chalecos. Los caballeros de Nueva Inglaterra que llevaban ropa de lana fueron los que más sufrieron. Aun así, las ventanas no se abrieron.

¿Por qué tanto secreto? Ellos querían expresar lo que pensaban libremente sin preocuparse de que algo terminara en los periódicos.

En segundo lugar, los delegados establecieron una norma que les permitía cambiar de opinión sobre las cuestiones después de una primera votación. Algunas cuestiones eran tan difíciles, que los delegados tenían que debatirlas una y otra vez. Después de cada debate, se realizaba una votación para ver cuál era la posición de cada uno. Pero los votos no eran definitivos. Este sistema evitaba que los delegados abandonaran la Convención cuando su bando perdía una votación. (¡En algunos momentos, más de la mitad de los hombres amenazaron con abandonarla!) Si se quedaba, un delegado podía persuadir a los demás sobre su forma de pensar y ganar la siguiente votación.

El verdadero trabajo de crear un nuevo gobierno comenzó el cuarto día. James Madison ya había redactado un plan. Pensó que el primero que se presentara sería el que más atención recibiría. Y tenía razón.

La voz de Madison era tranquila y chillona. Por eso Madison le pidió a otro delegado de Virginia, Edmund Randolph, que presentara el plan. Randolph era el joven y alto gobernador de Virginia. Desde entonces, las ideas de Madison se conocieron como "el Plan de Virginia".

Edmund Randolph

El Plan de Virginia proponía tres ramas de gobierno: *legislativa, ejecutiva y judicial*.

El poder legislativo, el Congreso, estaba formado por miembros elegidos. Este elaboraría las leyes de la nación. El Congreso debía dividirse en dos grupos, o cámaras, una mayor y otra menor. Hoy en día, la cámara grande se llama Cámara de Representantes; la cámara pequeña es el Senado.

El poder ejecutivo, encabezado por una especie

de presidente, ejecutaría las leyes. Y el poder judicial, dirigido por la Corte Suprema debía interpretar las leyes, y decidir si eran justas o no.

¿Qué sentido tenía tener tres ramas diferentes? Madison pensaba que, con las diferentes funciones repartidas, ninguna rama podría hacerse con demasiado poder. Los otros poderes podrían intervenir y evitar que eso ocurriera. Este sistema de controles se conoce como *"checks and balances"* (pesos y contrapesos).

Cuando Randolph terminó de leer el Plan de Virginia, nadie parecía demasiado disgustado... al menos no hasta que él explicó el plan con sus propias palabras. Randolph utilizó la explosiva palabra *"nacional"*.

Pronto se comprendió su significado. ¡Un gobierno nacional socavaría el poder de los estados! (En el Congreso que establecieron los Artículos de la Confederación, los miembros habían respondido a los gobiernos estatales).

Cuando Randolph se sentó, se hizo un silencio absoluto en la sala. Pasó un largo minuto, luego otro, mientras los delegados permanecían sentados

atónitos. Solo unos pocos habían considerado crear un nuevo gobierno nacional. La mayoría había acudido a la Convención esperando revisar (cambiar) los Artículos de la Confederación, ¡no desecharlos por completo! Finalmente, se rompió el silencio y comenzó la discusión. Esta no se detendría durante semanas.

CAPÍTULO 4
Los pequeños contra los grandes

Los estados pequeños odiaban el Plan de Virginia. La regla en el antiguo Congreso había sido "un estado, un voto". Así que todos los estados, grandes o pequeños, tenían el mismo poder. Pero el Plan de Virginia basaba el número de representantes de cada estado en la población. Cuantos más habitantes tuviera un estado, más representantes enviaría al Congreso.

Los estados pequeños insistieron en que nunca aceptarían esto. Serían "engullidos" por los estados grandes como Pensilvania. Los delegados del pequeño estado de Delaware parecían dispuestos a abandonar la asamblea en cualquier momento.

Los estados grandes veían lógico que los estados con más habitantes tuvieran más representantes.

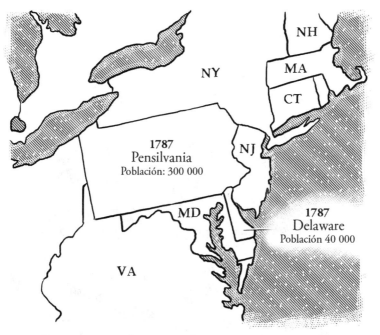

Las discusiones duraron días.

Entonces, un grupo de pequeños estados decidió que era hora de proponer un nuevo plan propio. Dirigidos por William Paterson, de Nueva Jersey, trabajaron toda la noche para crear "el Plan de New Jersey". En él se proponía una federación de estados, no un gobierno nacional fuerte. El Congreso seguiría teniendo una sola cámara. Y cada estado tendría el mismo número

de representantes. ¿Te suena familiar? Lo era.

James Madison se levantó y destrozó el Plan de New Jersey de Paterson. Tenía los mismos problemas que los Artículos de la Confederación, les dijo. Un gobierno así ya le había fallado a los estadounidenses. Y les fallaría de nuevo.

La mayoría de los delegados estuvieron de acuerdo con Madison: El Plan de New Jersey no funcionaría. El 19 de junio, fue rechazado. Eso dejó solo el Plan de Virginia, el que proponía un nuevo gobierno central. Ahora estaba claro que los delegados no solo estaban mejorando los Artículos. ¡Estaban creando una constitución completamente nueva! Esto nunca había sucedido. ¡Jamás un grupo de hombres se había reunido para crear un gobierno desde cero! ¿Podría funcionar este gran experimento?

El hecho de que el Plan de New Jersey fuera rechazado, no significaba que los estados pequeños estuvieran cediendo. Seguían decididos a tener la misma representación en el Congreso.

Los delegados de los estados grandes intentaron que los estados pequeños cambiaran de opinión. James Madison señaló que el Plan de Virginia *no* quería poner a los estados grandes al mando, sino darle el poder a todo el pueblo.

Gouverneur Morris, de Pensilvania, adoptó un enfoque visionario. En el futuro, dijo, la gente se considerará en primer lugar como *estadounidense*, no como ciudadano de un estado.

Pero los estados pequeños simplemente no cederían, y tampoco lo harían los estados grandes. Muchos delegados estaban dispuestos a hacer fracasar la Convención antes que ceder.

El último sábado de junio, los delegados se dirigieron al Parlamento bajo un calor sofocante. Las moscas zumbaban sobre sus cabezas.

Esa mañana, la Convención alcanzó su momento más crítico. Gunning Bedford, del

pequeño estado de Delaware, estaba enfurecido: "Yo, señores, no confío en ustedes". Y agregó que

Retrato de Alexander Hamilton

Retrato de James Madison, el "Padre de la Constitución"

Retrato de Roger Sherman, quien elaboró el Gran Compromiso

La Sala de la Asamblea del Independence Hall
(Parlamento de Pensilvania)

Una réplica del asiento de George Washington en la Gran Convención

Retrato de Gouverneur Morris, quien ayudó a
redactar el proyecto final de la Constitución

Toma de posesión de George Washington como
primer presidente de los Estados Unidos

Miembros del primer gabinete de los Estados Unidos
con George Washington (a la derecha)

Las sufragistas celebran la aprobación de la Decimonovena Enmienda, 1920

Primer borrador de la Carta de Derechos

El preámbulo de la Constitución estadounidense está grabado en una pared del Centro Nacional de la Constitución de Filadelfia.

Pintura de la firma de la Constitución que cuelga
en el edificio del Capitolio de los Estados Unidos

Edificio del Capitolio de los Estados Unidos

La Declaración de Independencia, la Constitución y la Carta de Derechos
expuestas en los Archivos Nacionales de Washington, DC

"las potencias extranjeras", como Francia, estarían encantadas de ayudar a los estados pequeños. ¿Estaba Bedford insinuando que pronto podría haber una guerra civil en los Estados Unidos?

Rufus King, de Massachusetts, acusó a los estados pequeños de ser "agresivos". Insistió en que *nunca* votaría por "una igualdad de votos".

George Washington tenía un aspecto sombrío ese día. La Convención "siguió unida por un pelo", dijo Luther Martin, de Maryland.

Afortunadamente, el domingo fue un día

de descanso. El lunes, los delegados volvieron a votar el Plan de Virginia. Todos debieron haber aguantado la respiración mientras llegaban los votos. El recuento final: cinco estados votaron *a favor*, cinco estados votaron *en contra* y un voto fue dividido. Así que fue un empate... un *punto muerto*. New Hampshire no había llegado.

¿Qué se podría hacer? No querían rendirse.

Sentían "que los ojos del mundo [estaban] sobre ellos". Para salvar la Convención, eligieron un comité, formado por un delegado de cada estado, para intentar resolver el problema.

Diez días después, el comité se reunió de

nuevo. ¡Creían tener una solución! La Cámara de Representantes se basaría en la población, como querían los estados grandes. El Senado, tendría dos miembros de cada estado. Eso complacía a los estados pequeños. Y se necesitarían ambas cámaras para aprobar una ley.

Se llamó el Gran Compromiso, fue aceptado por todos y se incluyó en la Constitución. Roger Sherman, de Connecticut, fue el cerebro de esto. Desde entonces, este ha dictado la forma en que se establece el Congreso. Hoy, todavía hay dos senadores por cada estado. La Cámara de Representantes tiene ahora 435 miembros. California, el estado con más habitantes, tiene

Roger Sherman

47

cincuenta y dos representantes. Wyoming, que es grande en términos de tierra pero tiene la población más pequeña, solo tiene un representante.

Hoy en día vemos cuadros de los artífices de la Constitución ataviados con pelucas blancas empolvadas, pantalones hasta la rodilla y zapatos

abrochados. Como todos se parecían, es fácil suponer que todos pensaban igual.

Pero eso está muy lejos de la realidad. Con diferencias de opinión tan grandes, es asombroso que llegaran a alcanzar el Gran Compromiso.

CAPÍTULO 5
Una batalla entre el Norte y el Sur

¿Había terminado la discusión?

Definitivamente no.

Los delegados habían decidido que la población determinaría cuántos miembros tendría cada estado en la Cámara de Representantes. Sin embargo, había que tener en cuenta la terrible cuestión de la esclavitud.

En aquella época, había alrededor de medio millón de personas esclavizadas de ascendencia africana en Estados Unidos, casi todas ellas viviendo en los estados del Sur. Los propietarios de las plantaciones del Sur dependían del trabajo no remunerado de los esclavos para cultivar sus campos de tabaco, arroz y algodón.

Los esclavos no tenían derechos. Se les consideraba propiedad, no ciudadanos del país. No podían votar. Sin embargo, si se les contara en la población de un estado del Sur, ese estado obtendría muchos más miembros en la Cámara de Representantes.

Eso es lo que los estados del Sur querían.

Estados con emancipación gradual o total en 1787

Sin embargo, la idea de que los estados del Sur obtuvieran más poder en el Congreso gracias a sus esclavos, enfureció a los delegados del Norte. Muchos de ellos odiaban la esclavitud y se manifestaron en contra. Incluso varios de los autores de la ley, propietarios de esclavos, (como George Washington y James Madison) deseaban que la esclavitud se acabara. Luther Martin, de Maryland, declaró que el "deshonroso" comercio de personas esclavizadas iba en contra de los "principios de la Revolución". George Mason, de Virginia, dijo que la esclavitud trajo el "juicio del cielo [sobre] un país". La esclavitud iba en contra de la Declaración de Independencia, que decía que "todos los hombres son creados iguales".

Luther Martin

Pero los delegados del Sur dejaron claro

que abandonarían la Convención si la nueva Constitución prohibía la esclavitud. Y sin el Sur, no habría nación, y mucho menos Constitución.

La cuestión era si los esclavos debían contarse como parte de la población de un estado.

Una vez más, los delegados llegaron a un compromiso. Acordaron que la Constitución diría que cada esclavo se contaría solo como tres quintos de una persona.

Si usted lee la Constitución, la palabra *esclavitud* nunca aparece. Los delegados evitaron utilizarla a propósito. En su lugar se utilizaron palabras confusas como "otras personas". "[La palabra *esclavitud* fue] escondida en la Constitución", dijo el decimosexto presidente, Abraham Lincoln, "igual que un hombre afligido esconde… un cáncer, que no se atreve a extirpar de inmediato, para no morir desangrado".

El compromiso sobre la esclavitud mantuvo viva la Convención e hizo posible una

Abraham Lincoln

Constitución. Los delegados que odiaban la esclavitud se sintieron con las manos atadas. Sin embargo, la Constitución, tan exitosa en otros aspectos, fracasó por completo con los afroamericanos esclavizados.

La esclavitud después de 1787

La Constitución también establecía que el comercio de esclavos debía terminar en 1808. Pero eso solo significaba que no se traerían nuevos esclavos al país. Sin embargo, en 1808 había más de cuatro millones de esclavos en Estados Unidos.

La cuestión de la esclavitud nunca desapareció y siguió dividiendo al Norte y al Sur cada vez más. Finalmente, Estados Unidos se separó en la Guerra Civil (1861-1865). La Unión ganó la guerra y la esclavitud quedó prohibida para siempre.

CAPÍTULO 6
Decisiones, decisiones

¿Debe ser un veinteañero o un extranjero presidente de Estados Unidos? ¿Qué hacer si este actúa mal e infringe las leyes? ¿Saben los ciudadanos de a pie lo suficiente como para votar a un presidente? ¿Cuánto tiempo deben servir los miembros del Congreso? ¿Deben los jueces del Tribunal Supremo conservar su puesto de por vida? ¡Decisiones, decisiones!

Los legisladores debatieron muchas cuestiones para crear un nuevo gobierno, incluso cuando las cuestiones fundamentales se resolvieron mediante compromisos. Hoy se pueden ver sus respuestas en acción en nuestro gobierno.

En sus primeros once años como país, Estados Unidos no había tenido a nadie al mando. Pero eso había generado problemas. Se necesitaba un líder para comandar las fuerzas armadas, tratar con las naciones extranjeras, guiar a los Estados Unidos en una emergencia. Los delegados querían elegir un líder fuerte, pero no *demasiado* fuerte. No querían reyes ni tiranos.

Por esta razón, algunos delegados tenían miedo de tener una sola persona a la cabeza del gobierno, y sugirieron *tres* ejecutivos, uno de cada parte del país. Tras días de debate, decidieron que habría un solo jefe de la nación, que se llamaría "presidente". El presidente debía tener al menos treinta y cinco años y haber nacido en Estados Unidos. (Los presidentes más jóvenes han sido Theodore Roosevelt, de 42 años, y John F. Kennedy, de 43).

Aunque el presidente sería nombrado comandante en jefe, ¿podría actuar por su cuenta para declarar la guerra a un enemigo? No. Los delegados pensaron que esa decisión era

Theodore Roosevelt, 42   John F. Kennedy, 43

demasiado importante para ser tomada por una sola persona. Solo el Congreso podría enviar a la nación a la guerra.

Un presidente podría proponer (sugerir) leyes, pero no hacerlas. Ese era el trabajo del Congreso. Pero los legisladores le dieron al presidente un poder especial de veto. El veto significa que el presidente detiene un proyecto de ley enviado por el Congreso negándose a firmarlo.

Cómo se hace una ley

El modo en que el Congreso aprueba una ley está recogido en la Constitución. Una ley comienza con una propuesta, o un proyecto de ley. Cualquiera de las dos cámaras del Congreso puede presentarla.

Si la Cámara presenta el proyecto de ley, entonces sus miembros lo estudian. Por lo general, añaden cambios. Tras votar a favor, lo envían al Senado.

Los senadores estudian el proyecto de ley. También introducen cambios. Tras votar a favor, lo envían al presidente. Si el presidente firma el proyecto, ¡se convierte en una ley!

O...

El presidente veta el proyecto de ley: Se niega a firmarlo. Lo devuelve al Congreso.

El Congreso aún puede aprobar el proyecto, pero ahora necesita reunir muchos más votos. Si lo consigue, el presidente no puede volver a vetarlo.

Rey Jorge III

¿Quién debe elegir al presidente? Esta era la decisión más difícil de todas. En aquella época, la mayoría de los países del mundo no elegían a su líder. Gobernaban reyes y reinas. Y el gobierno se transmitía a través de la familia real de una generación a otra.

En la Convención, los delegados hicieron muchas sugerencias diferentes:

¡El Senado debe elegir al presidente!

¡No, las legislaturas estatales deberían elegirlo!

¿Y los gobernadores de los estados?

Luego hubo una idea realmente descabellada.

¿Y si el pueblo eligiera a su líder más importante?

¿El *pueblo*? Esta idea causó el mayor revuelo. Algunos delegados pensaron que los ciudadanos de a pie eran demasiado "ignorantes" para tomar una decisión tan importante. Sería como si un ciego tratara de elegir los colores, dijo George Mason.

Sin embargo, James Wilson, de Pensilvania, defendió con fuerza la propuesta del pueblo: Dado que el presidente representaba al pueblo estadounidense, este debía ser quien lo eligiera.

Pero, la idea parecía poco práctica. La nación era enorme: 1500 km de norte a sur. ¿Cómo podrían los votantes de Georgia conocer a los candidatos de Nueva York? Las noticias viajaban lentamente y no llegaban a todas partes. Los periódicos solo tenían unas pocas páginas y solo los tenían las ciudades. Los pueblos del oeste a menudo recibían noticias con un mes de retraso.

Los delegados le daban vueltas a las molestas preguntas una y otra vez. ¡Se votó sesenta veces sobre cómo elegir al presidente! Al final, votaron por el pueblo. Pero se estableció un sistema muy complicado para hacerlo: El colegio electoral.

Una vez elegido un presidente, ¿cuánto tiempo

debía servir? "¡De por vida!", dijo Alexander Hamilton. Otros sugirieron: 7, 11 y 15 años. Finalmente, los delegados decidieron que el mandato del presidente fuera de cuatro años. Pero podía ser reelegido una y otra vez. (En 1951, la Vigésimo Segunda Enmienda puso un límite: un presidente solo puede ser elegido dos veces).

¿Qué pasa si un presidente muere en el cargo o se enferma gravemente? ¿Entonces qué ocurre? Los delegados crearon el puesto de vicepresidente, alguien que puede aconsejar al presidente y ser el segundo en la línea de sucesión, si es necesario. (Durante nuestra historia, esto ha sucedido nueve veces. La más reciente fue cuando el vicepresidente Gerald Ford tomó el relevo después de que el presidente Richard Nixon dimitió en 1974).

El Colegio Electoral

Hoy, los ciudadanos de cada estado eligen a sus senadores, representantes estadounidenses, gobernadores y otros funcionarios mediante el voto popular directo: El candidato con más votos gana las elecciones. Pero para elegir a un presidente existe un sistema muy complicado. Aunque los ciudadanos voten al candidato de su elección, están votando indirectamente al presidente. Cada estado tiene cierto número de electores (elegidos por los partidos políticos de ese estado) y su voto para el presidente es el que cuenta. Este sistema puede dar lugar a que asuma el cargo un presidente al que la mayoría de los estadounidenses no haya votado. (Ocurrió en 2000, cuando Al Gore perdió frente a George W. Bush, y 2016, cuando Donald Trump fue elegido en lugar de Hillary Clinton).

Los delegados le dieron al vicepresidente un trabajo diario: presidir el Senado. Si hay empate en una votación, él desempata.

Un presidente elegido podría resultar malo o imprudente. Si ocurre, podría ser destituido. ¿Cómo? Primero la Cámara de Representantes vota para destituirlo. Luego hay un juicio en el Senado. (Solo tres presidentes: Andrew Johnson, Bill Clinton y Donald Trump) han sido enjuiciados, pero ninguno ha sido destituido).

Andrew Johnson   Bill Clinton   Donald Trump

Cuando los delegados centraron su atención en la Corte Suprema, las decisiones fueron más fáciles de tomar. Ellos conocían bien el funcionamiento de los tribunales. Aproximadamente la mitad eran abogados.

Crearon una Corte Suprema con nueve jueces. El sistema judicial está configurado como un triángulo: muchas cortes locales en la base, cortes superiores en el medio, y luego la Corte Suprema en la cima).

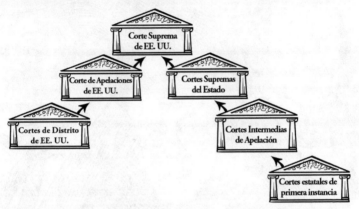

Solo los casos más importantes llegan a la Corte Suprema. Tiene la última palabra sobre cualquier estado de derecho. Es importante que los jueces de la Corte Suprema sean independientes y no se dejen influenciar por la política del momento, por ello son nombrados de por vida. No podían ser destituidos solo por tomar decisiones impopulares.

Una de las últimas cuestiones que se discutieron

Corte Suprema, 2017

fue dónde estaría la nueva capital de la nación.
Todos estuvieron de acuerdo en que no debería
formar parte de ningún estado. En su lugar, se
reservaría un distrito especial para la capital de la
nación. ¿Dónde exactamente?

¡Los delegados decidieron no elegir el lugar!
Acordaron que el nuevo Congreso lo hiciera.
(Washington, DC, se convirtió en la capital de la
nación en 1790).

¡Uf! La Convención se acercaba a su fin.

Washington, DC: La capital de Estados Unidos

Tres años después de la Convención Constitucional, Washington DC se convirtió en la capital de Estados Unidos. "DC" es la abreviatura de District of Columbia (en honor a Cristóbal Colón). Washington DC es la única ciudad de Estados Unidos que no se encuentra en un estado. En 1790, cuando solo había trece estados, la nueva capital estaba justo en el centro del país, ni en el Norte ni en el Sur.

Washington, Distrito de Columbia

Estados Unidos de América en 1790

George Washington eligió el emplazamiento de la ciudad que lleva su nombre. Debía construirse a lo largo del hermoso río Potomac. Él nunca llegó a vivir en la Casa Blanca, el hogar de todos los demás presidentes, porque no se construyó a tiempo.

En la actualidad, Washington DC es una ciudad de monumentos históricos. En lo alto de una colina se encuentra la sede del Congreso, el Capitolio, con su enorme cúpula. Muy cerca se encuentra el Monumento a Lincoln, donde Martin Luther King Jr. pronunció su famoso discurso "Tengo un sueño". A una manzana del Capitolio está el edificio de la Corte Suprema, donde se reúnen los nueve magistrados.

CAPÍTULO 7
"Nosotros, el pueblo"

Los largos y calurosos meses de verano pasaron. En septiembre, la brisa fresca soplaba sobre Filadelfia. El importante trabajo de la Convención Constitucional estaba casi terminado. Por mucho tiempo, los delegados habían trabajado arduamente y estaban impacientes por volver a casa y reunirse con sus familias.

El 8 de septiembre, entregaron un borrador de la Constitución a un Comité de estilo que debía pulir la redacción y poner todo en forma clara.

El comité eligió a Gouverneur Morris para redactar el borrador final. Morris simplificó la Constitución en siete artículos (secciones). Desenredó frases confusas y eliminó las palabras innecesarias. También cambió la primera frase.

El borrador original empezaba así: "Nosotros, el pueblo de los estados de New Hampshire, Massachusetts, Rhode Island…". Esta enumeraba todos los estados por su nombre. La nueva apertura simplemente decía:

Nosotros, el pueblo de los Estados Unidos…

Al no nombrar a cada estado por separado, Morris señalaba que este nuevo gobierno respondía directamente al pueblo. El sistema resumido en la Constitución se inspiró en la constitución de la Confederación Iroquesa. Ese conjunto de leyes, conocido como la Gran Ley de la Paz, unía a seis tribus de nativos americanos. El resto de la introducción explica por qué se escribió la Constitución. Hoy en día, la introducción se conoce como el Preámbulo.

En solo cuatro días, el comité entregó el proyecto final de la Constitución. Los delegados cambiaron algunos detalles. Luego, el documento se envió para que fuera encuadernado en pergamino, un papel grueso de gran calidad.

El 17 de septiembre, treinta y nueve delegados se reunieron por última vez en el Parlamento. (Algunos delegados ya habían regresado a casa. Cuatro se habían marchado en señal de protesta). Los legisladores formaron fila para firmar la Constitución, extendida en la mesa del frente. George Washington firmó primero.

Mientras Benjamin Franklin esperaba su turno, contemplaba un medio sol que estaba tallado en el respaldo de la silla de George Washington. Durante todo el verano, Franklin se había preguntado si aquel sol salía o se ponía. Ahora decía saber la respuesta. Era un sol naciente, declaró felizmente.

Sin embargo, el nuevo día en Estados Unidos no podía amanecer todavía. El pueblo estadounidense

tenía que ratificar la Constitución. Solo entonces se convertiría en la ley del país.

Se enviaron copias de la Constitución a los trece estados. Los periódicos publicaron cada palabra. Pronto, la nación bullía de conversaciones sobre el gobierno. Todas las clases del país la debatieron: colonizadores, agricultores, comerciantes, terratenientes y banqueros. Los ciudadanos expresaban su opinión en las reuniones del pueblo y en las iglesias. Escribieron editoriales, panfletos y canciones. Fue la mayor explosión de pensamiento político en la historia de Occidente. Los estadounidenses se dividieron en dos grupos: a favor y en contra. Mientras tanto, una serie de artículos a favor de la Constitución comenzaron a aparecer en los periódicos de Nueva York.

Fueron escritos bajo el seudónimo de Publius. El "escritor misterioso" era en realidad tres personas: Alexander Hamilton, James Madison y John Jay. Sus ochenta y cinco ensayos se conocen ahora como los *Documentos Federalistas*.

Los *Documentos Federalistas* calmaron las preocupaciones de la gente sobre un gobierno todopoderoso. Señalaban las salvaguardias establecidas en la Constitución: el sistema de pesos y contrapesos. Si el Congreso aprobaba leyes injustas, el presidente podía vetarlas. Si un presidente se excedía en sus poderes, la Corte Suprema podía dictaminar que sus actos eran "inconstitucionales" y hacer que se detuviera.

Uno por uno, los estados convocaron convenciones especiales para ratificar la Constitución, u oponerse a ella. Nueve de los trece estados tenían que aprobar la Constitución 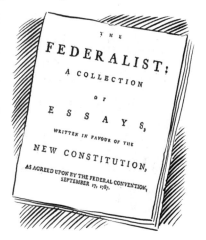 para que se convirtiera en ley. Y el 21 de junio esto ocurrió. New Hampshire se convirtió en el noveno estado en ratificar la Constitución. Cinco días después, Virginia, el estado más grande, también la ratificó. "Ya está hecho. Nos hemos convertido en una nación", declaró Benjamin Rush, uno de los firmantes de la Declaración de Independencia. Estados Unidos tenía un nuevo gobierno, que ahora tiene casi 250 años. ¡El audaz experimento funcionó!

Con el tiempo, los trece estados ratificaron la Constitución, incluso los que habían votado "no" al principio. (Rhode Island, que se había negado a enviar delegados a la Constitución, fue el último en ratificarla, en mayo de 1790).

Faltaban solo dos semanas para el 4 de julio. La alegre ciudad de Filadelfia se preparó para una celebración a lo grande.

El Día de la Independencia de 1788, el primer cañonazo sonó al amanecer en Filadelfia. Miles de personas empezaron a llegar al centro de la ciudad para celebrar la flamante Constitución de los Estados Unidos. A las 9:30 a. m. comenzó un desfile. A una carroza con un águila azul le siguió

una gigante Constitución enmarcada. Luego, diez caballos blancos tiraban de una cúpula sobre trece columnas, una por cada estado.

Luego venían ciudadanos de todas las profesiones y condiciones. Había 200 metalúrgicos, 300 cordeleros y 450 carpinteros. Había mujeres que hilaban telas, herrerías que fabricaban clavos.

Abogados, soldados, pilotos de barco, pintores, porteros, albañiles, sastres, toneleros, talabarteros, fabricantes de velas, carniceros y canteros. No paraban de llegar.

¡El día terminó con un picnic para diecisiete mil personas! Qué celebración para "nosotros, el pueblo de los Estados Unidos".

CAPÍTULO 8
La Carta de Derechos

Estados Unidos celebró sus primeras elecciones bajo la nueva Constitución en 1789. George Washington se convirtió en presidente, por supuesto. ¡La votación fue unánime!

El nuevo Congreso comenzó a trabajar el 4 de marzo de 1789. ¿Cuál fue su primera orden del día? ¡Cambiar la Constitución!

Mientras se ratificaba, varios estados exigieron

que se añadiera una declaración de derechos a la Constitución. Esta declaración es una lista que garantiza las libertades básicas de las personas.

Así, el nuevo Congreso se puso a redactar diez enmiendas a la Constitución. James Madison, padre de la Constitución, fue elegido para redactarlas. Los estados aprobaron diez de las enmiendas que escribió Madison, que son conocidas como la Carta de Derechos.

En esta se enumeran las libertades personales de todos los estadounidenses, libertades que nadie puede quitarles porque la Constitución las protege. Para muchos, la Carta de Derechos es el corazón de la Constitución.

La Primera Enmienda protege cinco derechos: la libertad de religión, de expresión, de prensa, de reunión y de pedir al gobierno que corrija los errores.

La libertad de religión no era común en 1787. Varios estados tenían iglesias pagadas por los impuestos. Incluso las personas de diferentes religiones tenían que pagar por la iglesia estatal. En Massachusetts, solo los cristianos podían votar en las elecciones. Virginia encarceló a los bautistas por predicar. La Primera Enmienda ordenó a los estados deshacerse de estas antiguas leyes religiosas.

Hoy en día, muchos países les siguen diciendo a sus habitantes qué religión deben seguir. Pero, en Estados Unidos, la gente puede rendir culto de la manera que quiera, o no hacerlo.

Cristianos, judíos, musulmanes, budistas y ateos tienen los mismos derechos según la Primera Enmienda.

La libertad de expresión y de prensa significa

que la gente puede expresar sus opiniones en periódicos, discursos, libros, la televisión y la Internet. Nadie puede ser castigado por expresar sus creencias, incluso si al gobierno no le gusta lo que alguien dice. Hay límites a la libertad de expresión. Por ej., gritar falsamente "¡Fuego!" en una sala de cine es un delito.

Bajo el dominio británico, los colonos americanos eran arrestados a veces por no estar de acuerdo con el rey. Y actualmente, en todo el mundo, los dictadores siguen encerrando a los

ciudadanos que desafían a los líderes. Pero, en Estados Unidos, los diferentes puntos de vista mantienen la fortaleza de la democracia.

¿Pueden protestar también los grupos grandes? Claro que sí. La gente puede reunirse en gran número para mostrar su resistencia a los líderes y a las leyes, siempre que sea pacíficamente.

En las décadas de 1950 y 1960, los líderes afroamericanos, como Martin Luther King Jr., dirigieron a miles y miles de manifestantes en

marchas pacíficas. La fuerza del Movimiento por los Derechos Civiles provocó importantes cambios en favor de la justicia racial.

La Segunda Enmienda protege el derecho de las personas a poseer armas. Las pistolas son armas.

¿Por qué la Constitución protege la posesión de armas? La razón que da la Segunda Enmienda es para mantener a las milicias bien armadas. Las milicias eran pequeños ejércitos de ciudadanos-soldados. Durante la Revolución, las milicias podían reunirse rápidamente en caso de ataque de los soldados británicos.

Hoy en día no hay milicias; los estados tienen tropas de la Guardia Nacional en su lugar. Pero la Segunda Enmienda sigue protegiendo el derecho de los estadounidenses a poseer armas.

Millones de propietarios de armas quieren salvaguardar su derecho a la Segunda Enmienda.

Otros millones señalan la impactante violencia con armas de fuego en los Estados Unidos. Las armas de 1700 eran mosquetes y rifles.

Ellos argumentan que los legisladores nunca imaginaron que se llevaran armas automáticas en las calles. Quieren que se restrinja quién puede poseer armas, cómo puede comprarlas y qué tipo de armas se pueden comprar.

La mitad de las enmiendas de la Carta de

Derechos protegen a las personas acusadas de delitos. Garantizan que las detenciones y los juicios sean justos y que se protejan sus derechos.

Los estadounidenses sospechosos de un delito también tienen otros derechos. Supongamos que la policía cree que alguien esconde bienes robados en su casa. La policía no puede venir a hacer un registro sin una orden de un juez.

La Octava Enmienda establece que un criminal condenado no puede recibir "un castigo cruel e

inusual". ¿Qué significa eso? Las ideas al respecto han cambiado. Los colonos solían castigar a la gente colocándolas en un cepo público, a veces durante días. También los azotaban con un látigo. Ahora, estos castigos nos parecen muy crueles.

Algunos países del mundo todavía aplican castigos severos. Pueden apedrear a los criminales o

cortarles las manos a los ladrones. La Constitución de EE. UU. no permite tales actos crueles.

Hoy, el debate sobre "castigos crueles e inusuales" en Estados Unidos gira en torno a la pena de muerte. Algunos estados siguen condenando a muerte a los que cometen los delitos más graves. Pero, en 23 estados y el Distrito de Columbia la pena de muerte es ilegal. Creen que condenar a muerte, aunque se haga de forma indolora, es siempre un "castigo cruel e inusual".

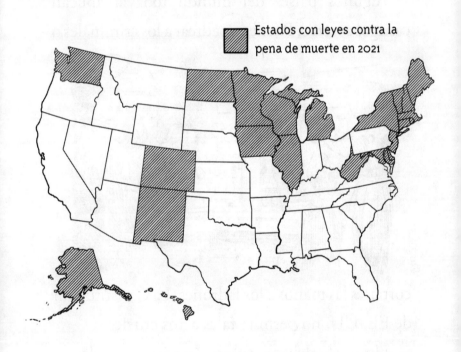

Estados con leyes contra la pena de muerte en 2021

La Carta de Derechos fue la primera gran adición a la Constitución, pero no la última.

CAPÍTULO 9
La Constitución sigue viva

La Constitución de los Estados Unidos no era definitiva en 1789. Los padres fundadores sabían que cada generación de estadounidenses se enfrentaría a nuevos cambios que ellos no podían prever. Por ello, se aseguraron de que los futuros ciudadanos pudieran controlar y cambiar su gobierno añadiendo más enmiendas. Desde la Carta de Derechos, se han añadido otras diecisiete enmiendas a la Constitución.

Algunas enmiendas corrigen los errores del pasado. La esclavitud era una injusticia que quedaba en pie cuando se redactó la Constitución por primera vez. Esto condujo a la Guerra Civil (1861-1865). Tras la victoria del Norte, se aprobó la Decimotercera Enmienda (1865), que prohibía la esclavitud en Estados Unidos. Más tarde, las Enmiendas Decimocuarta y Decimoquinta (1868), otorgaron igualdad ante la ley a todos los ciudadanos, y el derecho al voto a todos los hombres (1870).

Decimotercera Enmienda

La Decimonovena Enmienda (1920), concedió el derecho al voto a las mujeres. En 1924, se permitió a los indios americanos nacidos en Estados Unidos hacerse ciudadanos, pero no obtuvieron el derecho al voto en los cincuenta estados hasta 1965.

Ha habido miles de intentos de modificar la Constitución. Pero es muy difícil hacerlo.

Dos tercios de la Cámara y el Senado tienen que acordar una nueva enmienda, y tres cuartas partes de los estados, aprobarla.

El derecho al voto de las mujeres

La lucha por el derecho al voto de las mujeres comenzó a mediados del siglo XIX. A la cabeza de esta lucha estaban muchas activistas: Elizabeth Cady Stanton, Lucretia Mott, Sojourner Truth y Susan B. Anthony. La primera convención sobre los derechos

Elizabeth Cady Stanton, Lucretia Mott y Sojourner Truth

de la mujer tuvo lugar en Seneca Falls, Nueva York, en 1848. Hubo una declaración escrita, inspirada en la Declaración de Independencia. Decía que "todos los hombres y mujeres son creados iguales". Aun así, en 1910, solo cinco estados habían garantizado a las mujeres el derecho al voto.

Durante la Primera Guerra Mundial (1914-1918), cientos de miles de mujeres se incorporaron por primera vez a la población activa para ocupar los puestos de trabajo que dejaban los hombres que luchaban en el extranjero. Después, la lucha por el sufragio femenino se intensificó. (Las activistas organizaron grandes desfiles, marchas y piquetes. Por fin, en 1919, el Congreso aprobó la Decimonovena Enmienda, que garantizaba a las mujeres el derecho al voto en todo el país. Se aprobó en 1920.

A lo largo de la historia del país, han surgido situaciones que han involucrado todos los puntos que los legisladores debatieron. Ocho presidentes murieron o fueron asesinados en el cargo.

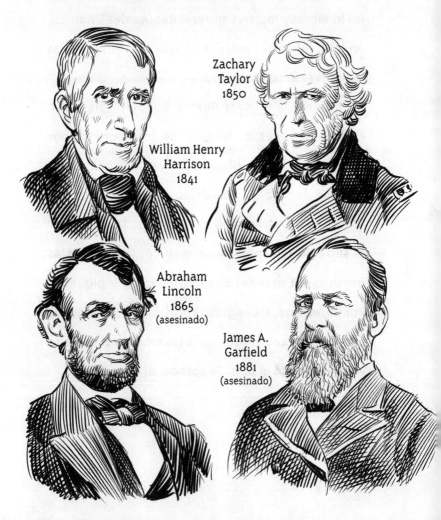

Zachary
Taylor
1850

William Henry
Harrison
1841

Abraham
Lincoln
1865
(asesinado)

James A.
Garfield
1881
(asesinado)

Gracias a la Constitución, los vicepresidentes estaban preparados para asumir el cargo y mantener el buen funcionamiento de nuestro gobierno.

Warren G.
Harding
1923

William
McKinley
1901
(asesinado)

Franklin D.
Roosevelt
1945

John F.
Kennedy
1963
(asesinado)

Los legisladores esperaban que la Constitución fuera lo suficientemente fuerte como para sostener al gobierno en tiempos difíciles. Y así ha sido. La Constitución (ese increíble documento de cuatro páginas) creó el gobierno democrático más longevo jamás conocido.

Puedes ver el ejemplar original firmado de la Constitución expuesto en los Archivos Nacionales de Washington, DC. La tinta de la firma de George Washington apenas ha palidecido. Y en la parte superior, con una letra enorme y fluida, están las palabras que incluyen a todos los estadounidenses: "Nosotros, el pueblo".

¿Dónde está la Constitución original?

En Washington, DC, el edificio de los Archivos Nacionales exhibe el ejemplar original de la Constitución, así como la Carta de Derechos y la Declaración de Independencia. También hay un Museo de los Archivos Nacionales con muchas exposiciones y documentos sobre la fundación de los Estados Unidos.

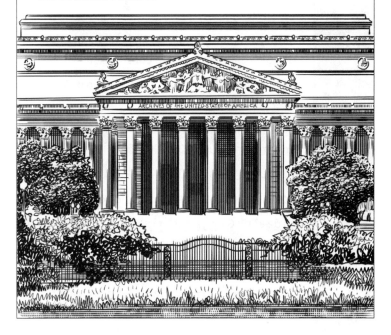

Cronología de la Constitución de los Estados Unidos

1787 — 25 de mayo: Llegan suficientes delegados para que comience la Convención Constitucional

— 29 de mayo: Se presenta el Plan de Virginia, basado en las ideas de James Madison

— 13 de julio: El Congreso de la Confederación aprueba la Ordenanza del Noroeste, que mantiene los nuevos territorios libres de esclavitud

— 16 de julio: Se acepta el Gran Compromiso, que resuelve la cuestión de la representación en el Congreso

— 12 de septiembre: Se presenta el proyecto final de la Constitución

— 17 de septiembre: En la reunión final, treinta y nueve delegados firman la nueva Constitución

— 27 de octubre: Aparece el primer ensayo de los *Documentos Federalistas*

— 7 de diciembre: Delaware se convierte en el primer estado en aprobar la nueva Constitución

1788 — 21 de junio: La Constitución de EE. UU. se convierte en ley

— 4 de julio: Se celebra la Constitución en todo el país

1789 — 30 de abril: George Washington se convierte en el primer presidente de EE. UU. bajo la nueva Constitución

1865 — La Decimotercera Enmienda abole la esclavitud

1870 — La Decimoquinta Enmienda otorga a los hombres afroamericanos el derecho al voto

Cronología del mundo

c. 400 A.C. — Atenas, Grecia, establece la primera democracia

1607 — Se funda en Jamestown el primer asentamiento inglés exitoso en América del Norte

1681 — Pensilvania es fundada por William Penn.

1732 — Se funda Georgia con el nombre del rey Jorge III

1760 — El rey Jorge III sube al trono de Inglaterra; gobierna durante la Guerra de Independencia

1776 — El 4 de julio, las trece colonias declaran su independencia de Inglaterra en la Declaración de Independencia

1777 — El Congreso Continental adopta los Artículos de la Confederación; los estados los ratifican en 1781

1786 — Daniel Shays lidera una revuelta fiscal

1803 — El presidente Thomas Jefferson duplica el tamaño de los Estados Unidos mediante la Compra de Luisiana

1809 — James Madison es elegido cuarto presidente de Estados Unidos

1814 — Las tropas británicas incendian la Casa Blanca durante la Guerra de 1812

1861 — Los estados del sur inician la Guerra Civil

1963 — Martin Luther King Jr. pronuncia su discurso "Tengo un sueño" durante la Marcha sobre Washington

1974 — El presidente Richard Nixon renuncia a su cargo

Bibliografía

*Libros para jóvenes lectores

Bowen, Catherine Drinker. *Miracle at Philadelphia: The Story of the Constitutional Convention, May to September 1787*. Boston: Little, Brown and Company, 1966.

Collier, Christopher, and James Lincoln Collier. *Decision in Philadelphia: The Constitutional Convention of 1787*. New York: Ballantine Books, 2007.

*Fritz, Jean. *Shh! We're Writing the Constitution*. New York: Puffin Books, 1997.

*Harris, Michael C. *What Is the Declaration of Independence?* New York: Penguin Workshop, 2016.

*Levy, Elizabeth. *If You Were There When They Signed the Constitution*. New York: Scholastic Inc., 1987.

*Maestro, Betsy, and Giulio Maestro. *A More Perfect Union: The Story of Our Constitution*. New York: HarperCollins Publishers, 1987.

Stewart, David O. *The Summer of 1787: The Men Who Invented the Constitution*. New York: Simon & Schuster, 2007.